ENJOY 여행
베트남어

ENJOY 여행베트남어

지은이 박명화
펴낸이 임상진
펴낸곳 (주)넥서스

초판 1쇄 인쇄 2019년 12월 25일
초판 1쇄 발행 2019년 12월 27일

출판신고 1992년 4월 3일 제311-2002-2호
주소 10880 경기도 파주시 지목로 5
전화 (02)330-5500 팩스 (02)330-5555

ISBN 979-11-6165-827-8 13730

가격은 뒤표지에 있습니다.
잘못 만들어진 책은 구입처에서 바꾸어 드립니다.

www.nexusbook.com

베트남 여행 처음 갈때 이 책!

ENJOY 여행 베트남어

박명화 지음

넥서스

구성 및 특징

자주 쓰는 표현 BEST 30

여행 가서 자주 쓰는 표현 30개를 엄선했습니다. 이것만 알아도 여행지에서 웬만한 의사소통은 가능합니다. 중요한 표현들이니 이것만은 꼭 알아두세요.

기초회화 Pattern 8

'~ 주세요', '~은 어디예요?'와 같이 여행지에서 자주 쓰는 회화 패턴을 정리했습니다. 패턴에 단어만 바꿔 넣으면 하고 싶은 말을 쉽게 표현할 수 있습니다.

**여행 과정에서 발생하는 상황의 표현들을
11가지의 주제별로 나누어 정리했습니다.**

❶ 초간단 기본 표현
❷ 기내에서
❸ 공항에서
❹ 호텔에서
❺ 이동 중에
❻ 교통 이용하기
❼ 식당·술집에서
❽ 관광 즐기기
❾ 쇼핑하기
❿ 친구 만들기
⓫ 긴급 상황 발생

상대방이 하는 말을 알아
들어야 내가 하고 싶은 말
도 할 수 있겠죠? 상대방
이 하는 말, 즉 여행지에
서 듣게 되는 표현은 별도
의 표시를 해두었습니다.

단어만 말해도 뜻이 통할
때가 있습니다. 상황별로
자주 쓰이는 단어들을 보
기 좋게 정리했습니다.

MP3 100% 활용법

발음 듣기용

우리말 해석과 베트남어 문장이 녹음되어 있습니다. 먼저 원어민 음성을 듣고
발음을 확인해 보세요.

✓ check point!

☐ 원어민 발음을 확인한다.

☐ '이런 말을 베트남어로는 이렇게 하는구나' 이해한다.

☐ 들릴 때까지 반복해서 듣는다.

회화 연습용

우리말 해석을 듣고 베트남어로 말해 보세요. 2초 후에 나오는 원어민 음성을
확인한 다음, 다시 따라 말하면서 공부한 표현을 암기하세요.

✓ check point!

☐ 제대로 외웠는지 확인한다.

☐ 원어민 발음에 가깝게 말하도록 반복 훈련한다.

☐ 우리말 해석을 듣고 바로 베트남어 표현이 생각나지 않으면 다시 복습한다.

무료 MP3 다운받는 법

❶ '넥서스 홈페이지' 접속
  www.nexusbook.com

❷ 다운로드 영역에서 '다운받기' 클릭

목차
★enjoy★

Before you go **이것만은 알고 가자**

1. 초간단 기본표현

2. 기내에서

3. 공항에서

4. 호텔에서

5. 이동 중에

Before you go
이것만은 알고 가자

★ enjoy ★

여행 가서 **자주 쓰는 표현 BEST 30**

하고 싶은 말 다 하는 **기초회화 Pattern 8**

발음 듣기용

회화 연습용

여행 가서
자주 쓰는 표현

BEST 30

감사합니다.

Cám ơn.

깜언

미안해요.

Xin lỗi.

씬 로이

저기요.

Em ơi.

앰 어이

아니요, 괜찮아요.

Không, không sao.

콩, 콩 사오

네, 부탁해요.

Vâng, nhờ bạn.

벙, 녀 반

잘 모르겠어요.

Tôi không biết rõ.

또이 콩 비엣 조

베트남어는 전혀 못해요.

Tôi không biết nói tiếng Việt.

또이 콩 비엣 노이 띠엥 비엣

뭐라고요?

Cái gì thế?

까이 지 테

좀 더 천천히 말씀해 주세요.

Xin nhắc lại chậm một chút nữa.

씬 냑 라이 쩜 못 쭛 느어

얼마예요?

Bao nhiêu tiền?

바오 니에우 띠엔

그냥 둘러보는 중이에요.

Chỉ ngắm nghía thôi.

찌 응암 응이어 토이

할인해 주세요.

Hãy giảm giá một chút nhé.

하이 잠 쟈 못 쭛 녜

입어 봐도 돼요?

Tôi mặc thử được không?

또이 막 트 드억 콩

이거 주세요.

Cho tôi cái này nhé.

쪼 또이 까이 나이 녜

환불하고 싶어요.

Tôi muốn hoàn tiền lại.

또이 무온 호안 띠엔 라이

포장해 주시겠어요?

Hãy gói cho tôi.

하이 고이 쪼 또이

거기에 어떻게 가요?

Tôi đến đấy như thế nào?

또이 덴 더이 느 테 나오

얼마나 걸려요?

Mất bao nhiêu thời gian?

멋 바오 니에우 터이 쟌

여기에서 멀어요?

Từ đây đến đó có xa không?

뜨 더이 덴 도 꼬 싸 콩

가장 가까운 역이 어디예요?

Ga gần nhất ở đâu?

가 건 녓 어 더우

어디에서 갈아타요?

Chuyển tàu ở đâu?

쭈엔 따우 어 더우

택시를 불러 주세요.

Gọi tắc-xi giúp cho tôi.

고이 딱씨 줍 쪼 또이

쉐라톤 호텔로 가 주세요.

Cho tôi đến khách sạn Sheraton.

쪼 또이 덴 카익 산 쉐라톤

여기가 어디예요?

Đây là ở đâu?

더이 라 어 더우

예약했는데요.

Tôi đã đặt trước rồi.

또이 다 닷 쯔억 조이

사진을 찍어 주시겠어요?

Bạn chụp ảnh giúp được không?

반 쯥 아잉 쭙 드억 콩

화장실이 어디예요?

Toilet ở đâu?

또일랫 어 더우

이걸로 할게요.

Tôi chọn cái này.

또이 쫀 까이 나이

물 한 잔 주세요.

Cho tôi một cốc nước uống.

쪼 또이 못 꼭 느억 우옹

계산서 주세요.

Cho tôi hóa đơn.

쪼 또이 호아 던

하고 싶은 말
다하는 기초회화

Pattern 8

물 좀 주세요.

Cho tôi nước.

쪼 또이 느억

한 잔 더 주세요.

Cho tôi một cốc nữa.

쪼 또이 못 꼭 느어

메뉴판 좀 주세요.

Cho tôi xem menu.

쪼 또이 쌤 메뉴

영수증 주세요.

Cho tôi hóa đơn.

쪼 또이 호아 던

창가 쪽 자리로 주세요.

Cho tôi chỗ sát cửa sổ.

쪼 또이 쪼 삿 끄어 소

~은 어디예요? ~ ở đâu?

버스 정류장은 어디예요?

Bến xe buýt ở đâu?

벤 쌔 부잇 어 더우

화장실은 어디예요?

Toilet ở đâu?

또일랫 어 더우

매표소는 어디예요?

Nơi bán vé ở đâu?

너이 반 배 어 더우

피팅룸은 어디예요?

Phòng thay đồ ở đâu?

퐁 타이 도 어 더우

가장 가까운 편의점은 어디예요?

Cửa hàng tiện lợi gần nhất ở đâu?

끄어 항 띠엔 러이 건 녓 어 더우

🎧 MP3 00-04

기차역을 찾고 있는데요.

Tôi đang tìm ga tàu hỏa.

또이 당 띰 가 따우 호아

방 열쇠를 찾고 있는데요.

Tôi đang tìm chìa khóa phòng.

또이 당 띰 찌어 코아 퐁

안내소를 찾고 있는데요.

Tôi đang tìm quầy hướng dẫn.

또이 당 띰 꾸어이 흐엉 전

쇼핑몰을 찾고 있는데요.

Tôi đang tìm trung tâm mua sắm.

또이 당 띰 쭝 떰 무어 삼

여행 선물을 찾고 있는데요.

Tôi đang tìm quà du lịch.

또이 당 띰 꽈 주 릭

담요가 필요해요.

Cho tôi chăn nhé.

쪼 또이 짠 녜

물 한 잔이 필요해요.

Cho tôi một cốc nước.

쪼 또이 못 꼭 느억

통역이 필요해요.

Tôi cần người phiên dịch.

또이 껀 응으어이 피엔 직

지도가 필요해요.

Tôi cần bản đồ.

또이 껀 반 도

당신의 도움이 필요해요.

Tôi cần sự giúp của bạn.

또이 껀스 줍 꾸어 반

🎧 MP3 00-06

이것 좀 보고 싶어요.

Tôi muốn xem cái này.

또이 무온 쌤 까이 나이

저걸 먹고 싶어요.

Tôi muốn ăn món kia.

또이 무온 안 몬 끼어

거기 가고 싶어요.

Tôi muốn đến đó.

또이 무온 덴 도

예약하고 싶어요.

Tôi muốn đặt trước.

또이 무온 닷 쯕

환불하고 싶어요.

Tôi muốn hoàn tiền lại.

또이 무온 호안 띠엔 라이

~ 있어요?

🎧 MP3 00-07

빈방 있어요?

Bạn có phòng trống không?

반 꼬 퐁 쫑 콩

두 사람 테이블 있어요?

Ở đây có bàn cho hai người không?

어 더이 꼬 반 쪼 하이 응으어이 콩

똑같은 걸로 검은색 있어요?

Bạn có cái giống như này nhưng màu đen không?

반 꼬 까이 종 늬으 나이 늬응 마우 댄 콩

다른 스타일 있어요?

Bạn có kiểu khác không?

반 꼬 끼에우 칵 콩

더 싼 거 있어요?

Bạn có giá rẻ hơn không?

반 꼬 쟈 재 헌 콩

~해 주시겠어요? ~được không?

천천히 말씀해 주시겠어요?

Bạn nói chậm một chút được không?

반 노이 쩜 못 쭛 드억 콩

다시 한번 말씀해 주시겠어요?

Bạn nhắc lại một lần nữa được không?

반 냑 라이 못 런 느어 드억 콩

길 좀 알려 주시겠어요?

Bạn chỉ đường giúp tôi được không?

반 찌 드엉 줍 또이 드억 콩

저 좀 도와주시겠어요?

Bạn giúp tôi được không?

반 줍 또이 드억 콩

택시 좀 불러 주시겠어요?

Gọi tắc-xi giúp tôi được không?

고이 딱씨 줍 또이 드억 콩

~해도 돼요? ~được không?

입어 봐도 돼요?

Tôi có thể mặc thử được không?

또이 고 테 막 트 드억 콩

여기에서 사진 찍어도 돼요?

Tôi có thể chụp ảnh ở đây được không?

또이 꼬 테 쭙 아잉 어 더이 드억 콩

들어가도 돼요?

Tôi có thể vào được không?

또이 꼬 테 바오 드억 콩

자리를 바꿔도 돼요?

Bạn có thể đổi chỗ được không?

반 꼬 테 도이 쪼 드억 콩

이거 써도 돼요?

Tôi có thể dùng cái này được không?

또이 꼬 테 중 까이 나이 드억 콩

하롱베이 **Vinh Hạ Long**

하롱베이는 베트남 북부의 가장 유명한 여행지 중 하나이다. 크고 작은 섬들과 기암괴석이 3,000개가 있고 그 아름다움과 지정학적 가치를 인정받아 1994년 유네스코의 세계자연유산으로 지정이 되었다.

발음 듣기용

회화 연습용

초간단 기본 표현

가장 많이 쓰는 표현 Best 3

❶
안녕하세요.
Xin chào.

❷
감사합니다.
Cám ơn.

❸
베트남어를 못해요.
Tôi không biết nói tiếng Việt.

✈ 인사하기

좋은 아침이에요.

Chào buổi sáng.

짜오 부오이 상

안녕. (만날 때)

Xin chào. / Chào.

씬 짜오 / 짜오

안녕. (헤어질 때)

Tạm biệt.

땀 비엣

안녕히 주무세요.

Chúc ngủ ngon.

쭉 응우 응온

처음 뵙겠습니다.

Rất hân hạnh, lần đầu tiên được gặp bạn.

젓 헌 하잉, 런 더우 띠엔 드억 갑 반

안녕히 가세요.

Xin chào.

씬 짜오

Chào.

짜오

또 만나요.

Hẹn gặp lại nhé.

핸 갑 라이 녜

나중에 봐요.

Hẹn gặp lại lần sau.

핸 갑 라이 런 사우

좋은 하루 보내세요.

Chúc một ngày vui vẻ.

쭉 못 응아이 부이 배

행운을 빌어요.

Chúc may mắn.

쭉 마이 만

✈ 감사 인사

감사합니다.
Cám ơn.
깜언

정말 감사합니다.
Rất cám ơn.
젓 깜언

천만에요.
Không có gì.
콩 꼬 지

도와주셔서 감사합니다.
Cám ơn sự giúp đỡ của bạn.
깜언 스 줍 더 꾸어 반

와 주셔서 감사합니다.
Cám ơn đã đến đây.
깜언 다 덴 더이

 ## ✈ 사과하기

미안합니다.
Xin lỗi.
씬 로이

정말 죄송합니다.
Rất xin lỗi.
젓 씬 로이

늦어서 미안해요.
Xin lỗi vì đã đến muộn.
씬 로이 비 다 덴 무온

어쩔 수 없었어요.
Không còn cách nào khác.
콩 꼰 까익 나오 칵

제 잘못이에요.
Là lỗi của mình.
라 로이 꾸어 밍

 ## 긍정 표현

좋아요.

Tốt.

똣

알겠습니다.

Được.

드억

물론이죠.

Có chú.

꼬 쯔

저도 그렇게 생각해요.

Tôi cũng nghĩ như vậy.

또이 꿍 응이 느으 버이

맞아요.

Đúng rồi.

둥 조이

 부정 표현

아니요, 그렇지 않아요.
Không, không phải.
콩, 콩 파이

그렇게 생각 안 해요.
Tôi không nghĩ như vậy.
또이 콩 응이 늬으 버이

유감이군요.
Tiếc quá.
띠엑 꽈

아니요, 됐어요.
Không, được rồi.
콩, 드억 조이

잘 모르겠어요.
Không biết rõ.
콩 비엣 조

33

✈ 도움 청하기

좀 도와주시겠어요?

Bạn giúp tôi được không?

반 줍 또이 드억 콩

부탁해도 될까요?

Bạn có thể giúp tôi được không?

반 꼬 테 줍 또이 드억 콩

잠깐 시간 괜찮으세요?

Bạn có thời gian một lát không?

반 꼬 터이 쟌 못 랏 콩

말씀 중에 죄송합니다.

Xin lỗi vì đang nói dở.

씬 로이 비 당 노이 저

제 가방 좀 봐 주시겠어요?

Bạn giữ hành lý giúp tôi được không?

반 즈 하잉 리 줍 또이 드억 콩

 # 베트남어를 못해요.

베트남어를 못해요.

Tôi không biết nói tiếng Việt.

또이 콩 비엣 노이 띠엥 비엣

잘 모르겠어요.

Không biết rõ.

콩 비엣 조

좀 더 천천히 말씀해 주세요.

Bạn nói chậm hơn một chút được không?

반 노이 쩜 헌 못 쭛 드억 콩

한 번 더 말씀해 주세요.

Bạn nhắc lại thêm một lần nữa được không?

반 냑 라이 템 못 런 느어 드억 콩

여기에 적어 주세요.

Xin viết ở đây.

씬 비엣 어 더이

용다리 Cầu lồng

다낭의 용다리는 현지 시민들에게 큰 자부심 중 하나이다.
Ly 왕조 시대의 용 모습을 그대로 다리로 형상화해 놓은 곳으로 저녁에는 물이 뿜어
져 나와 더욱 인기 있는 곳이 되었다. 현지 사람들뿐 아니라 많은 여행객들이 찾는 곳
이며 특히 야경을 이곳에서 즐기는 사람들이 많아지고 있다.

발음 듣기용

회화 연습용

기내에서

가장 많이 쓰는 표현 Best 3

❶
저기요.
Em ơi.

❷
담요 좀 주세요.
Cho tôi chăn.

❸
배가 아파요.
Tôi đau dạ dày.

✈ 자리 찾기

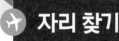

제 자리를 찾고 있는데요.

Tôi đang tìm chỗ ngồi của tôi.

또이 당 띰 쪼 응오이 꾸어 또이

🔊 탑승권을 보여 주시겠습니까?

Xin cho em xem vé máy bay được không?

씬 쪼 앰 쌤 배 마이 바이 드억 콩

🔊 이쪽으로 오세요.

Hãy đến đây.

하이 덴 더이

좀 지나갈게요.

Tôi có thể đi qua được không?

또이 꼬 테 디 꽈 드억 콩

거기는 제 자리인데요.

Đây là chỗ ngồi của tôi.

더이 라 쪼 응오이 꾸어 또이

✈ 승무원에게 필요한 것 말하기

저기요. (승무원을 부를 때)

Em ơi.

앰 어이

담요 좀 주세요.

Cho tôi chăn.

쪼 또이 짠

베개 좀 주세요.

Cho tôi gối.

쪼 또이 고이

면세품 살 수 있어요?

Tôi có thể mua hàng miễn thuế được không?

또이 꼬 테 무어 항 미엔 투에 드억 콩

뭐 마실 것 좀 주시겠어요?

Bạn cho tôi uống cái gì được không?

반 쪼 또이 우옹 까이 지 드억 콩

단어만 알아도 통한다!

신문 **Tờ báo**
떠 바오

잡지 **Tạp chí**
땁 찌

이어폰 **Tai nghe**
따이 응애

담요 **Chăn**
짠

티슈 **Khăn giấy**
칸 져이

안대 **Miếng che mắt**
미엥 째 맛

목베개 **Gối kê cổ**
고이 께 꼬

구명 재킷 **Áo phao**
아오 파오

✈ 기내식 먹기

식사 때 깨워 주세요.

Bạn đánh thức tôi dậy khi ăn nhé.

반 다잉 특 또이 저이 키 안 네

식사는 필요 없어요.

Không cần bữa ăn.

콩 껀 브어 안

🕹 **쇠고기와 생선 중 어느 것으로 하시겠습니까?**

Thịt bò với cá, bạn thích ăn món nào hơn?

팃 보 버이 까 반 틱 안 몬 나오 헌

쇠고기 주세요.

Cho tôi thịt bò.

쪼 또이 팃 보

🕹 **앞 테이블을 내려 주시겠어요?**

Hãy hạ bàn xuống trước.

하이 하 반 쑤옹 쯔억

기내에서

🔊 커피 드릴까요, 차 드릴까요?

Bạn uống cà phê hay trà?

반 우옹 까 페 하이 짜

음료는 뭐가 있나요?

Bạn có những đồ uống nào?

반 꼬 늬응 도 우옹 나오

물도 한 컵 주세요.

Cho tôi một cốc nước nữa nhé.

쪼 또이 못 꼭 느억 느억 네

한 잔 더 주시겠어요?

Cho tôi một cốc nữa nhé.

쪼 또이 못 꼭 느어 네

🔊 식사 다 하셨습니까?

Bạn đã ăn xong chưa?

반 다 안 쏭 쯔어

오렌지주스 **Nước cam**
느억 깜

맥주 **Bia**
비어

우유 **Sữa**
스어

콜라 **Cô ca**
꼬 까

녹차 **Trà xanh**
짜 싸잉

커피 **Cà phê**
까 페

와인 **Rượu vang**
쯔어우 방

물 **Nước**
느억

✈ 기내에서 아플 때

몸이 안 좋아요.

Tôi không khỏe.

또이 콩 코애

배가 아파요.

Tôi đau dạ dày.

또이 다우 자 자이

두통약 있어요?

Có thuốc đau đầu không?

꼬 투옥 다우 더우 콩

멀미약 좀 주세요.

Cho tôi thuốc chống say xe.

쪼 또이 투옥 쫑 사이 쌔

구토 봉투 있어요?

Có túi nôn không?

꼬 뚜이 논 콩

두통	**Đau đầu.**
	다우 더우

복통	**Đau dạ dày.**
	다우 자 자이

구토	**Nôn**
	논

비행기 멀미	**Say máy bay.**
	사이 마이 바이

생리통	**Đau bụng kinh**
	다우 붕 낑

호흡 곤란	**Khó thở**
	코 터

아픈	**Đau**
	다우

추운	**Lạnh**
	라잉

쌀국수 _phở

메콩강이 흐르는 나라들은 모두 쌀국수가 있다. 쌀로 만든 국수마다 이름이 다양한데 그 중 가장 많이 먹는 것이 바로 퍼(phở)이다. 하노이는 쪽파가 많이 들어 있는 쌀국수. 호치민시는 숙주가 들어간 쌀국수를 먹는다.

발음 듣기용

회화 연습용

3
★ e n j o y ★

공항에서

가장 많이 쓰는 표현 Best 3

❶
여권을 보여 주시겠어요?
Cho tôi xem hộ chiếu được không?

❷
어디에 머물 예정인가요?
Bạn sẽ ở đâu?

❸
환전하는 곳은 어디예요?
Chỗ đổi tiền ở đâu?

탑승 수속하기

국제선 터미널은 어디예요?

Nhà ga quốc tế ở đâu?

냐 가 꾸옥 떼 어 더우

🔊 부치실 짐이 있습니까?

Có hành lý gửi không?

꼬 하잉 리 그이 콩

어느 게이트로 가면 돼요?

Tôi phải đi cửa nào?

또이 파이 디 끄어 나오

🔊 곧 탑승을 시작하겠습니다.

Sắp bắt đầu lên máy bay.

삽 밧 더우 렌 마이 바이

🔊 좌석은 통로쪽, 창가쪽 어디로 하시겠습니까?

Bạn thích chỗ cạnh cửa sổ hay chỗ gần lối đi?

반 틱 쪼 까잉 끄어 소 하이 쪼 건 로이 디

 입국 심사

🔊 여권을 보여 주시겠어요?

Cho tôi xem hộ chiếu được không?

쪼 또이 쌤 호 찌에우 드억 콩

여기요.

Ở đây.

어 더이

🔊 방문 목적은 무엇입니까?

Mục đích tham quan là gì?

묵 딕 탐 관 라 지

관광차 왔어요.

Tôi đến đây để du lịch.

또이 덴 더이 데 주 릭

사업 때문에 왔습니다.

Tôi đến đây để làm việc.

또이 덴 더이 데 람 비엑

🔊 어디에 머물 예정인가요?

Bạn sẽ ở đâu?

반 세 어 더우

그랜드 호텔에서요.

Tôi sẽ ở khách sạn Grand.

또이 세 어 카익 산 그랜드

친구네 집에서요.

Tôi sẽ ở nhà bạn tôi.

또이 세 어 냐 반 또이

🔊 얼마나 머물 예정입니까?

Bạn sẽ ở lại bao lâu?

반 세 어 라이 바오 러우

5일간이요.

Năm ngày.

남 응아이

Tip	하루	Một ngày [못 응아이]
	이틀	hai ngày [하이 응아이]
	사흘	ba ngày [바 응아이]
	일주일	một tuần [못 뚜언]
	열흘	mười ngày [므어이 응아이]
	한 달	một tháng [못 탕]

관광	**Tham quan** 탐 꽌
사업	**Công việc** 꽁 비엑
신혼여행	**tuần trăng mật** 뚜언 짱 멋
회의	**Cuộc họp** 꾸옥 홉
공부	**Học** 혹
휴가	**Nghỉ phép** 응이 팹
여행	**Du lịch** 주 릭
친척 방문	**Thăm bà con họ hàng** 탐 바 꼰 호 항

✈️ 수하물 찾기

짐은 어디에서 찾나요?

Tôi tìm hành lý ở đâu?

또이 띰 하잉 리 어 더우

🔊 무슨 항공편으로 오셨나요?

Bạn đến đây bằng hãng hàng không nào?

반 덴 더이 방 항 항 콩 나오

좀 도와주세요.

Xin giúp tôi.

씬 줍 또이

제 짐을 찾을 수가 없어요.

Tôi không tìm thấy hành lý của tôi.

또이 콩 띰 터이 하잉 리 꾸어 또이

제 짐이 아직 안 나왔어요.

Hành lý của tôi chưa ra.

하잉 리 꾸어 또이 쯔어 자

✈ 세관 검사

🔊 신고하실 물품이 있습니까?

Có cái gì cần khai báo hải quan không?

꼬 까이 지 껀 카이 바오 하이 꽌 콩

아니요, 없습니다.

Không, không có.

콩, 콩 꼬

🔊 가방 안에는 뭐가 있죠?

Trong túi có gì?

쫑 뚜이 꼬 지

개인적인 용품들이에요.

Trong túi có những đồ cá nhân.

쫑 뚜이 꼬 니응 도 까년

🔊 가방을 열어 주시겠어요?

Mở túi ra có được không?

머 뚜이 자 꼬 드억 콩

✈ 환전하기

환전하는 곳은 어디예요?

Chỗ đổi tiền ở đâu?

쪼 도이 띠엔 어 더우

환전하려고 하는데요.

Tôi muốn đổi tiền.

또이 무온 도이 띠엔

미국 달러를 베트남 돈으로 환전할 수 있나요?

Tôi có thể đổi tiền từ đô-la Mỹ sang tiền Việt Nam không?

또이 꼬 테 도이 띠엔 뜨 도라 미 상 띠엔 비엣 남 콩

 돈은 어떻게 드릴까요?

Bạn muốn nhận tiền bằng cách nào?

반 무온 년 띠엔 방 까익 나오

십만동과 오십만동으로 주세요.

Cho tôi một trăm nghìn đồng và năm trăm nghìn đồng.

쪼 또이 못 짬 응인 동 바 남 짬 응인 동

1,000đồng[못응인동]

5,000đồng[남응인 동]

10,000đồng[므어이응인 동]

50,000đồng[남므어이응인 동]

100,000đồng[못짬응인 동]

500,000đồng[남짬응인 동]

냐짱 Nha Trang

특히 바다가 아름다운 곳이다. 섬투어를 하게 되면 여럼 섬을 다니며 각각의 매력에 빠지게 된다. 해변을 따라 걸으면 공원, 박물관, 카페를 자주 볼 수 있다. 베트남 문화도 감상하고 베트남 커피를 즐길 수 있다.

발음 듣기용

회화 연습용

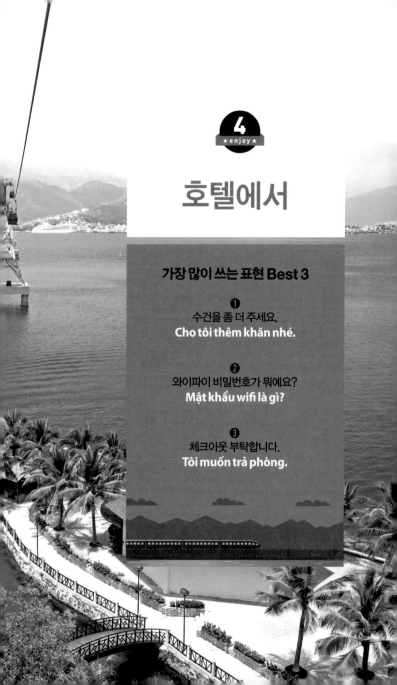

4
★enjoy★

호텔에서

가장 많이 쓰는 표현 Best 3

❶
수건을 좀 더 주세요.
Cho tôi thêm khăn nhé.

❷
와이파이 비밀번호가 뭐예요?
Mật khẩu wifi là gì?

❸
체크아웃 부탁합니다.
Tôi muốn trả phòng.

✈ 체크인 하기

지금 체크인 할 수 있어요?

Bây giờ tôi có thể nhận phòng được không?

버이 져 또이 꼬 테 넌 퐁 드억 콩

🔊 예약은 하셨나요?

Bạn đã đặt trước chưa?

반 다 닷 쯔억 쯔어

네, 제 이름은 최수지입니다.

Vâng, tên tôi là Choi Su Ji.

벙, 뗀 또이 라 최수지

🔊 이 서류를 작성해 주세요.

Làm ơn điền thông tin vào giấy.

람 언 디엔 통 띤 바오 져이

🔊 여기, 방 열쇠입니다.

Đây, chìa khóa phòng đây.

더이 찌어 코아 퐁 더이

✈ 숙소를 예약하지 않았을 때

빈방 있나요?

Bạn còn phòng trống không?

반 꼰 퐁 쫑 콩

🐒 **어떤 방을 원하세요?**

Khách muốn loại phòng nào?

카익 무온 로아이 퐁 나오

싱글룸으로 주세요.

Tôi muốn phòng đơn.

또이 무온 퐁 던

Tip 더블룸 Phòng đôi [퐁 도이]
트윈룸 phòng đơn [퐁 던]

1박에 얼마예요?

Một đêm bao nhiêu tiền?

못 뎀 바오 니에우 띠엔

좀 더 싼 방은 없나요?

Không còn phòng nào giá rẻ hơn sao?

콩 꼰 퐁 나오 쟈 재 헌 사오

H
호텔에서

✈️ 룸서비스, 편의시설 이용하기

룸 서비스 부탁합니다.

Tôi cần phục vụ phòng.

또이 껀 푹 부 퐁

비누와 샴푸를 더 가져다주시겠어요?

Bạn có thể cho tôi xà phòng và dầu gội đầu được không?

반 꼬 테 쪼 또이 싸 퐁 바 저우 고이 더우 드억 콩

얼음이랑 물 좀 주세요.

Cho tôi đá và nước nhé.

쪼 또이 다 바 느억 녜

7시에 모닝콜 부탁합니다.

Đánh thức tôi dậy vào lúc bảy giờ sáng nhé.

다잉 특 또이 저이 바오 룩 바이 져 상 녜

택시를 불러 주시겠어요?

Bạn gọi tắc xi giúp tôi được không?

반 고이 딱 씨 줍 또이 드억 콩

세탁 서비스 돼요?

Ở đây có dịch vụ giặt ủi không?

어 더이 꼬 직 부 쟛 우이 콩

언제쯤 될까요?

Khi nào xong?

키 나오 쏭

수건을 좀 더 주세요.

Cho tôi thêm khăn nhé.

쪼 또이 템 칸 녜

인터넷을 사용할 수 있나요?

Tôi có thể dùng internet được không?

또이 꼬 테 중 인터넷 드억 콩

와이파이 비밀번호가 뭐예요?

Mật khẩu wifi là gì?

멋 커우 와이파이 라 지

H

호텔에서

단어만 알아도 통한다!

수건 **Khăn tắm**
칸 땀

이불 **Chăn**
짠

휴지 **Giấy vệ sinh**
져이 베 씽

면도기 **Máy cạo râu**
마이 까오 저우

베개 **Gối**
고이

헤어
드라이어 **Máy sấy tóc**
마이 서이 똑

칫솔 **Bàn chải đánh răng**
반 짜이 다잉 장

키카드 **Thẻ chìa khóa**
태 찌어 코아

문제가 생겼어요

열쇠를 방 안에 두고 나왔어요.

Chìa khóa để trong phòng.

찌어 코아 데 쫑 퐁

방 열쇠를 잃어버렸어요.

Tôi mất chìa khóa phòng.

또이 멋 찌어 코아 퐁

202호입니다.

Số phòng 202.

소 퐁 하이 콩 하이

텔레비전이 잘 안 나와요.

Màn hình tivi không nhìn rõ lắm.

만 힌 띠비 콩 늬인 조 람

너무 시끄러워요.

Quá ồn ào.

꽈 온 아오

호텔에서

시트가 더러워요.

Khăn trải giường bị bẩn.

칸 짜이 즈엉 비 번

방이 너무 추워요.

Phòng rất lạnh.

퐁 젓 라잉

에어컨이 안 돼요.

Máy lạnh không chạy.

마이 라잉 콩 짜이

뜨거운 물이 안 나와요.

Nước nóng không chảy.

느억 농 콩 짜이

화장실 물이 잘 안 내려가요.

Nước ở toilet không thoát được.

느억 어 또일랫 콩 토앗 드억

✈️ 체크아웃 하기

체크아웃은 몇 시인가요?

Trả phòng lúc mấy giờ?

짜 퐁 룩 머이 져?

체크아웃 부탁합니다.

Tôi muốn trả phòng.

또이 무온 짜 퐁

이건 무슨 요금입니까?

Cái phí này là gì?

까이 피 나이 라 지

잘못된 것 같은데요.

Tôi thấy sai rồi.

또이 터이 사이 조이

하루 더 있고 싶은데요.

Tôi muốn ở lại thêm một ngày nữa.

또이 무온 어 라이 템 못 응아이 느어

시클로 Xích lô

베트남식 인력거인 시클로는 손님이 앞에 타고 뒤에서 운전해 주는 형태이다. 복잡하거나 많이 걸어야 하는 관광지에서 가장 좋은 이동수단 중 하나이다. 큰 도심에서는 교통 체증을 일으킨다는 이유로 사라졌지만 관광 특구인 하노이의 동안끼엠 인근, 호이안 등지에서 여유롭게 베트남의 거리를 즐길 때 좋다.

발음 듣기용

회화 연습용

이동 중에

가장 많이 쓰는 표현 Best 3

❶
길 좀 알려 주시겠어요?
Bạn có thể chỉ đường cho tôi được không?

❷
걸어서 갈 수 있나요?
Có thể đi bộ đến đó không?

❸
길을 잃었어요.
Lạc đường rồi.

길 물어보기

길 좀 알려 주시겠어요?

Bạn có thể chỉ đường cho tôi được không?

반 꼬 테 찌 드엉 쪼 또이 드억 콩

여기에 가고 싶은데요.

Tôi muốn đến đây.

또이 무온 덴 더이

노트르담 대성당을 찾고 있어요.

Tôi đang tìm Nhà thờ Đức Bà.

또이 당 띰 늬아 터 득 바

이 길의 이름은 뭐예요?

Tên con đường này là gì?

뗀 꼰 드엉 나이 라 지

근처에 슈퍼가 있나요?

Gần đây có siêu thị không?

건 더이 꼬 씨에우 티 콩

박물관	**Bảo tàng** 바오 땅
미술관	**Bảo tàng Mỹ thuật** 바오 땅 미 투엇
극장	**Rạp** 잡
경기장	**Sân vận động** 썬 번 동
국립공원	**Công viên quốc gia** 꽁 비엔 꾸옥 쟈
백화점	**Trung tâm thương mại** 쭝 떰 트엉 마이
고궁	**Cung điện** 꿍 디엔
성당	**Nhà thờ thiên chúa giáo.** 냐 터 띠엔 쭈어 쟈오

✈ 어디예요?

버스 정류장은 어디예요?

Trạm xe buýt ở đâu?

짬 쌔 부잇 어 더우

가장 가까운 역은 어디예요?

Ga nào gần nhất ở đâu?

가 나오 건 녓 어 더우

출구는 어디예요?

Cửa ra ở đâu?

끄어 자 어 더우

매표소는 어디예요?

Chỗ bán vé ở đâu?

쪼 반 배 어 더우

박물관은 어디에 있어요?

Bảo tàng ở đâu?

바오 땅 어 더우

✈ 어떻게 가요?

어떻게 가요?

Đi như thế nào?

디 늬으 테 나오

거긴 어떻게 가요?

Làm sao để đến đó?

람 싸오 데 덴 도

호안끼엠 호수는 어떻게 가나요?

Làm sao để đi đến Hồ Hoàn Kiếm?

람 싸오 데 디 덴 호 호안 끼엠

여기에서 멀어요?

Từ đây đến đó có xa không?

뜨 더이 덴 도 꼬 싸 콩

얼마나 걸려요?

Từ đây đến đó mất bao lâu?

뜨 더이 덴 도 멋 바오 러우

걸어서 갈 수 있나요?

Có thể đi bộ đến đó không?

꼬 테 디 보 덴 도 콩

이동중에

✈ 길을 잃었어요

길을 잃었어요.

Lạc đường rồi.

락 드엉 조이

여기가 어디예요?

Đây là ở đâu?

더이 라 어 더우

여기가 어디인지 모르겠어요.

Không biết đây là ở đâu.

콩 비엣 더이 라 어 더우

여기에 데려다주시겠어요?

Cho tôi đến đấy được không?

쪼 또이 뎬 더이 드억 콩

이 지도에서 우리의 위치는 어디인가요?

Vị trí chúng ta đang ở đâu trên bản đồ này?

비 찌 쭝 따 당 어 더우 쩬 반 도 나이

여행 시 유용한 스마트폰 어플

Google Maps

해외여행 필수 어플
중 하나이다.

City Maps 2Go / MAPS.ME

와이파이가 연결되어 있지 않은 상태
에서도 사용 가능하다. 휴대폰 데이
터 로밍을 하지 않았다면 강추!

Just touch it

해외에서 긴급 상황
발생 시 의사 표현을
할 수 있게 도와준다.

네이버 글로벌회화

9개 언어의 자주 쓰이
는 여행 회화 표현들
이 정리되어 있으며,
음성도 들을 수 있다.

트립어드바이저

호텔, 항공권 예약뿐만 아니
라 관광 명소와 맛집 정보도
얻을 수 있다.

호치민시　Thành phố Hồ Chí Minh

호치민시는 경제와 문화 그리고 아픈 역사를 품은 도시이다. 호치민시 중심에서 프랑스 건축물을 많이 볼 수 있어서 신기하고 외곽으로 가면 전쟁의 역사도 볼 수 있다.

발음 듣기용

회화 연습용

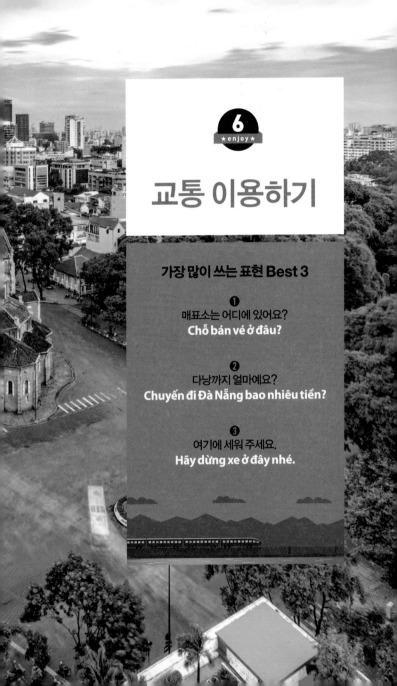

6
★enjoy★

교통 이용하기

가장 많이 쓰는 표현 Best 3

❶
매표소는 어디에 있어요?
Chỗ bán vé ở đâu?

❷
다낭까지 얼마예요?
Chuyến đi Đà Nẵng bao nhiêu tiền?

❸
여기에 세워 주세요.
Hãy dừng xe ở đây nhé.

지하철 이용하기

매표소는 어디에 있어요?

Chỗ bán vé ở đâu?

쪼 반 배 어 더우

요금은 얼마예요?

Giá bao nhiêu tiền?

쟈 바오 니에우 띠엔

어느 출구로 나가야 하나요?

Phải đi ra cửa ra nào?

파이 디 자 끄어 자 나오

다음은 무슨 역이에요?

Ga sau là ga gì?

가 싸우 라 가 지

어디에서 갈아타요?

Đổi xe ở đâu?

도이 쌔 어 더우

단어만 알아도 통한다!

지하철	**Tàu điện ngầm** 따우 디엔 응엄
지하철 표	**Vé tàu điện ngầm** 배 따우 디엔 응엄
매표소	**Quầy bán vé** 꾸어이 반 배
요금	**Giá** 쟈 **Phí** 피
출구	**Cửa ra** 끄어 자
개찰구	**Cửa soát vé** 끄어 쏘앗 배
갈아타다	**Đổi xe** 도이 쌔

✈ 버스 이용하기

이 버스가 벤탄시장에 가나요?

Xe buýt này có đi Chợ Bến Thành không?

쌔 부잇 나이 꼬 디 쩌 벤 타잉 콩

🔊 네, 갑니다.

Vâng, có đi.

벙 꼬 디

🔊 아뇨, 안 가요.

Không, không đi.

콩 콩 디

벤탄시장에 에 가는 버스는 몇 번이에요?

xe buýt số mấy đi Chợ Bến Thành?

쌔 부잇 소 머이 디 쩌 벤 타잉?

109번 버스를 타세요.

Hãy lên xe buýt số 109.

하이 렌 쌔 부잇 소 못 콩 찐

버스 요금은 얼마예요?

Giá vé xe buýt bao nhiều?

쟈 배 쌔 부잇 바오 니에우

7,000동입니다.

7,000 đồng.

바이 응인 동

Tip
1,000동	1,000 đồng [응인 동]
5,000동	5,000 đồng [남 응인 동]
10,000동	10,000 đồng [므어이 응인 동]
50,000동	50,000 đồng [남 므어이 응인 동]
100,000동	100,000 đồng [못짬 응인 동]
500,000동	500,000 đồng [남짬 응인 동]

데탐거리에서 내리고 싶은데요.

Tôi muốn xuống xe ở đường Đề Thám.

또이 무온 쑤옹 쌔 어 드엉 데 탐

이번에 내리세요.

Lần này sẽ xuống xe.

런 나이 쌔 쑤옹 쌔

도착하면 알려 주세요.

Khi đến hãy cho tôi biết.

키 덴 하이 쪼 또이 비엣

교통수단

 # 기차표 구입하기

다낭까지 얼마예요?

Chuyến đi Đà Nẵng bao nhiêu tiền?

쭈이엔 디 다 낭 바오 니에우 띠엔

기차 몇 시에 출발해요?

Tàu hỏa xuất phát lúc mấy giờ?

따우 호아 쑤엇 팟 룩 머이 져

좀 더 빨리 출발하는 것은 없나요?

Có chuyến đi nào xuất phát sớm hơn không?

꼬 쭈이엔 디 나오 쑤엇 팟 썸 헌 콩

어른 한 장 주세요.

Cho tôi một vé người lớn.

쪼 또이 못 배 응으어이 런

Tip 2장 hai vé [하이 배]
3장 ba vé [바 배]
4장 bốn vé [본 배]

이 기차표를 취소할 수 있나요?

Tôi có thể hủy vé này được không?

또이 꼬 테 후이 배 나이 드억 콩

🔊 편도입니까? 왕복입니까?

Vé một chiều phải không? Vé khứ hồi phải không?

배 못 찌에우 파이 콩 배 크 호이 파이 콩

왕복입니다. / 편도입니다.

Một chiều. / khứ hồi.

못 찌에우 / 크 호이

편도 요금은 얼마예요?

Vé một chiều bao nhiêu tiền?

배 못 찌에우 바오 니에우 띠엔

다낭행 왕복표 주세요.

Cho tôi một vé khứ hồi đi Đà Nẵng.

쪼 또이 못 배 크 호이 디 다 낭

후에행 편도표 주세요.

Cho tôi một vé một chiều đi Huế.

쪼 또이 못 배 못 찌에우 디 후에

✈ 문제가 생겼어요

표를 잃어버렸어요.

Mất vé rồi.

멋 배 조이

기차를 잘못 탔어요.

Lên nhầm tàu hỏa rồi

렌 념 따우 호아 조이

기차를 놓쳤어요.

Lỡ tàu hỏa rồi.

러 따우 호아 조이

내릴 역을 지나쳐 버렸어요.

Tôi đã bỏ lỡ ga xuống rồi.

또이 다 보 러 가 쑤옹 조이

기차에 짐을 놓고 내렸어요.

Tôi xuống tàu hỏa nhưng lại để hành lý ở trên tàu.

또이 쑤옹 따우 호아 늬응 라이 데 하잉 리 어 쩬 따우

 # 택시 이용하기

택시를 불러 주세요.

Gọi tắc-xi giúp tôi nhé.

고이 딱씨 쥽 또이 녜

공항까지 요금이 얼마나 나와요?

Từ đây đến sân bay giá bao nhiêu tiền?

뜨 더이 덴 썬 바이 쟈 바오 니에우 띠엔

공항까지 시간이 얼마나 걸려요?

Từ đây đến sân bay mất bao lâu?

뜨 더이 덴 썬 바이 멋 바오 러우

이 주소로 가 주세요.

Đưa tôi đến địa chỉ này nhé.

드어 또이 덴 디아 찌 나이 녜

여기에 세워 주세요.

Hãy dừng xe ở đây nhé.

하이 증 쌔 어 더이 녜

교통수단

83

렌터카 이용하기

차를 빌리고 싶은데요.

Tôi muốn thuê xe.

또이 무온 투에 쌔

하루 요금이 얼마예요?

Một ngày giá bao nhiêu tiền?

못 응아이 쟈 바오 니에우 띠엔

🔊 **어떤 종류의 차를 원하세요?**

Bạn muốn loại xe nào?

반 무온 로아이 쌔 나오

🔊 **며칠간 쓰실 건가요?**

Bạn muốn thuê mấy ngày?

반 무온 투에 머이 응아이

일주일이요.

Một tuần.

못 뚜언

Tip		
하루	một ngày	[못 응아이]
이틀	hai ngày	[하이 응아이]
사흘	ba ngày	[바 응아이]

84

차를 목적지에서 반납할 수 있나요?

Tôi có thể trả lại xe ở đích đến được không?

또이 고 테 짜 라이 쌔 어 딕 덴 등억 콩

신용카드를 주시겠어요?

Có thể đưa cho tôi thẻ tín dụng được không?

꼬 테 드어 쪼 또이 테 띤 중 드억 콩

면허증을 보여 주세요.

Hãy cho tôi xem bằng lái xe của bạn.

하이 쪼 또이 쌤 방 라이 쌔 꾸어 반

네비게이션이 필요해요.

Tôi cần máy tìm đường.

또이 껀 마이 띰 드엉

여기에서 저기까지 어떻게 가나요?

Làm sao để đi từ đây đến đó?

람 싸오 데 디 뜨 더이 덴 도

교통수단

응으웬 왕조 Nhà Nguyễn

응으웬 왕조는 1802~1945년까지 베트남을 통치한 왕조이다. 당시 수도는 중부 지방에 있는 지금의 후에(Huế)에 있다. 응으웬 왕조가 사용했던 물품과 건축등은 여전히 후에에 남아 있어서 그들의 기품을 볼 수 있다.

발음 듣기용   회화 연습용

식당·술집에서

가장 많이 쓰는 표현 Best 3

❶
메뉴를 보여 주세요.
Cho tôi xem menu.

❷
여기에서 드세요, 가지고 가세요?
Quý khách dùng ở đây hay mang về ạ?

❸
생맥주 한 잔 주세요.
Cho tôi một cốc bia tươi nhé.

식당 예약하기

저녁 6시에 예약하고 싶은데요.

Tôi muốn đặt bàn lúc Sáu giờ chiều.

또이 무온 닷 반 룩 싸우 져 찌에우

몇 분이신가요?

Có bao nhiêu người?

꼬 바오 니에우 응으어이

두 명이요.

Có hai người.

꼬 하이 응으어이

> **Tip** 한명 một người [못 응으어이]
> 세명 ba người [바 응으어이]
> 네명 bốn người [본 응으어이]
> 다섯명 năm người [남 응으어이]

금연석으로 주세요.

Chỉ giúp cho tôi chỗ cấm hút thuốc nhé.

찌 쥽 쪼 또이 쪼 껌 훗 투옥 녜   **Tip** 흡연석 Chỗ được hút thuốc [쪼 드억 훗 투옥]

예약을 변경하고 싶은데요. (시간)

Tôi muốn thay đổi giờ đặt trước.

또이 무온 타이 도이 져 닷 쯔억

예약을 변경하고 싶은데요. (장소)

Tôi muốn thay đổi chỗ đặt trước.

또이 무온 타이 도이 쪼 닷 쯔억

✈ 식당에 도착했을 때

🧑 예약은 하셨나요?

Quý khách đã đặt chỗ trước chưa ạ?

꾸이 카익 다 닷 쪼 쯔억 쯔어 아

네, 오후 5시 예약입니다.

**Vâng, tôi đã đặt chỗ trước lúc 5 giờ
chiều rồi.**

벙 또이 다 닷 쪼 쯔억 룩 남 져 찌에우 조이

아뇨, 예약 안 했는데요.

Chưa, chưa đặt trước.

쯔어 쯔어 닷 쯔억

두 사람인데 자리 있어요?

Có chỗ cho hai người không?

꼬 쪼 쪼 하이 응으어이 콩

🧑 죄송하지만, 지금은 자리가 없습니다.

**Xin lỗi nhưng bây giờ không còn chỗ
nữa.**

씬 로이 느응 버이 져 콩 꼰 쪼 느어

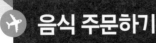
음식 주문하기

메뉴를 보여 주세요.
Cho tôi xem menu.
쪼 또이 쌤 매뉴

🗣 주문하시겠습니까?
Khách muốn gọi món gì ạ?
카익 무온 고이 몬 지 아

지금 주문해도 돼요?
Bây giờ tôi gọi món được không?
버이 져 또이 고이 몬 드억 콩

주문은 잠시 후에 할게요.
Một lát nữa, Tôi sẽ gọi món.
못 랏 느어 또이 쌔 고이 몬

메뉴판을 다시 볼 수 있을까요?
Cho tôi xem menu lại.
쪼 또이 쌤 라이 매뉴 라이

이건 뭔가요?

Cái này là cái gì?

까이 나이 라 까이 지

그걸로 할게요.

Tôi sẽ chọn cái kia.

또이 쌔 쫀 까이 끼어

같은 걸로 주세요.

Cho tôi món ăn giống đó nhé.

쪼 또이 몬 안 종 도 녜

음료는 뭘로 하시겠어요?

Quý khách muốn uống gì ạ?

꾸이 카익 무온 우옹 지 아

추천할 메뉴는 무엇입니까?

Em thấy món ăn nào ngon?

앰 터이 몬 안 나오 응온

베트남 식당 메뉴판 읽기

인기 메뉴

phở

[퍼]

rau muống

[자우 무옹]

nem rán

[냄 잔]

bánh khọt

[바잉 콧]

bún bò nam bộ

[분 보 남 보]

xôi

[쏘이]

bánh cuốn

[바잉 꾸온]

súp cua

[숩 꾸어]

bánh mì

[바잉 미]

주류 및 디저트

Bia Hà Nội

[비어 하 노이]

Bia Sài Gòn

[비어 사이 곤]

Bia 333

[비어 바바바]

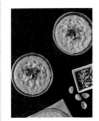

Chè chuối

[쩨 쭈오이]

Rượu vang Đà Lạt

[즈어우 방 다 럿]

Chè hạt sen

[쩨 핫샌]

문제가 생겼어요

더 기다려야 하나요?

Tôi phải chờ thêm nữa không?

또이 파이 쩌 템 느어 콩

저기로 옮겨도 돼요?

Tôi chuyển sang chỗ kia được không?

또이 쭈이엔 상 쪼 끼어 드억 콩

이건 제가 주문한 게 아닌데요.

Cái này tôi không gọi.

까이 나이 또이 콩 고이

포크를 떨어뜨렸어요.

Tôi đánh rơi nĩa rồi.

또이 다잉 저이 니어 조이

Tip 포크	nĩa [니어]
스푼	thìa (하노이) [티어]
	muỗng (호치민시) [무옹]
나이프	Dao [자오]

머리카락이 나왔어요.

Có tóc.

꼬 똑

 **계산하기**

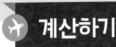

계산서 주세요.

Cho tôi hóa đơn.

쪼 또이 호아 던

계산을 따로 할게요.

Của ai người nấy sẽ trả.

꾸어 아이 응으어이 너이 쌔 짜

전부 얼마예요?

Tất cả bao nhiêu tiền?

떳 까 바오 니에우 띠엔

거스름돈을 잘못 주신 것 같아요.

Có lẽ đã thối tiền nhầm rồi.

꼬 레 다 토이 띠엔 념 조이

합계가 잘못됐어요.

Tính tổng bị sai rồi.

띵 똥 비 사이 조이

팁이 포함된 금액이에요?

Số tiền đã bao gồm tiền boa phải không?

소 띠엔 다 바오 곰 띠엔 보아 파이 콩

이 금액은 뭐죠?

Số tiền này là gì?

쏘 띠엔 나이 라 지

선불인가요?

Trả trước phải không?

짜 쯔억 파이 콩

🖐 **어떻게 지불하실 건가요?**

Khách muốn trả bằng gì?

카익 무온 짜 방 지

신용카드로 지불할 수 있나요?

Tôi có thể trả bằng thẻ tín dụng được không?

또이 꼬 테 짜 방 태 띤 중 드억 콩

 커피숍에서

아이스커피 한 잔 주세요.

Cho tôi một cốc cà phê đá.

쪼 또이 못 꼭 까페 다

Tip	한 개	một cái [못 까이]
	두 개	hai cái [하이 까이]
	세 개	ba cái [바 까이]

어떤 사이즈로 드려요?

Bạn muốn uống cỡ nào?

반 무온 우옹 꺼 나오

톨 사이즈로 주세요.

Cho tôi size nhỏ.

쪼 또이 싸이즈 뇨

Tip	톨 사이즈	cỡ nhỏ [꺼 뇨]
		size nhỏ [싸이즈 뇨]
	그랑데 사이즈	Cỡ vừa [꺼 브어]
		Size vừa [싸이즈 브어]

여기에서 드세요, 가지고 가세요?

Quý khách dùng ở đây hay mang về ạ?

꾸이 카익 중 어 더이 하이 망 배 아

가지고 갈 거예요.

Tôi sẽ mang về.

또이 쌔 망 베

베트남어 숫자 읽기

1 một [못]	**2** hai [하이]	**3** ba [바]	**4** bốn [본]
5 năm [남]	**6** sáu [싸우]	**7** bảy [바이]	**8** tám [땀]
9 chín [찐]	**10** mười [므어이]	**11** mười một [므어이 못]	**12** mười hai [므어이 하이]
13 mười ba [므어이 바]	**14** mười bốn [므어이 본]	**15** mười lăm [므어이 람]	**16** mười sáu [므어이 싸우]
17 mười bảy [므어이 바이]	**18** mười tám [므어이 땀]	**19** mười chín [므어이 찐]	**20** hai mươi [하이 므어이]
30 ba mươi [바 므어이]	**40** bốn mươi [본 므어이]	**50** năm mươi [남 므어이]	**60** sáu mươi [싸우 므어이]
70 bảy mươi [바이 므어이]	**80** tám mươi [땀 므어이]	**90** chín mươi [찐 므어이]	**100** một trăm [못 짬]
200 hai trăm [하이 짬]	**300** ba trăm [바 짬]	**400** bốn trăm [본 짬]	**500** năm trăm [남 짬]
600 sáu trăm [싸우 짬]	**700** bảy trăm [바이 짬]	**800** tám trăm [땀 짬]	**900** chín trăm [찐 짬]
1,000 một nghìn [못 응인]	**10,000** mười nghìn [므어이 응인]	**100,000** một trăm nghìn [못 짬 응인]	

 술집에서

식당에서

🗣 **뭐 드시겠어요?**

Khách muốn dùng gì ạ?

카익 무온 중 지 아

생맥주 한 잔 주세요.

Cho tôi một cốc bia tươi nhé.

쪼 또이 못 꼭 비어 뜨어이 네

와인 주세요.

Cho tôi rượu vang nhé.

쪼 또이 즈어우 방 녜

Tip	레드와인	Rượu vang đỏ [즈어우 방 도]
	화이트와인	Rượu vang trắng [즈어우 방 짱]
	로제와인	Rượu vang hồng [즈어우 방 홍]

한 잔 더 주세요.

Cho tôi thêm một cốc nữa.

쪼 또이 템 못 꼭 느어

건배!

Nâng cốc!

넝 꼭

호이안 Hội An

1,999년 세계문화유산으로 등재되었다. 가장 베트남스러운 기념품을 파는 곳으로 유명하다. 밤이 되어 아름다운 등불이 빛을 밝히면 더욱 신비롭고 낭만적인 곳이 된다. 호이안 전체를 박물관이라고 여겨도 될 만큼 굉장히 아름다운 곳이다.

발음 듣기용

회화 연습용

관광 즐기기

가장 많이 쓰는 표현 Best 3

❶
관광 안내소는 어디에 있어요?
Quầy hướng dẫn tham quan ở đâu?

❷
짐 맡기는 곳이 있나요?
Ở đây có nơi giữ hành lý không?

❸
여기에서 사진을 찍어도 돼요?
Ở đây có thể chụp ảnh được không?

✈ 관광하기

관광 안내소는 어디에 있어요?

Quầy hướng dẫn tham quan ở đâu?

꾸어이 흐엉 전 탐 관 어 더우

구경하기 좋은 곳은 어디예요?

Địa điểm vui chơi hấp dẫn ở đâu?

디아 디엠 부이 쩌이 헙 전 어 더우

걸어서 갈 수 있는 거리인가요?

Có thể đi bộ đến đó được không?

꼬 테 디 보 덴 도 드억 콩

나이트 투어 있나요?

Có chương trình tour đêm không?

꼬 쯔엉 찐 투어 뎀 콩

시내 투어에 참가하고 싶은데요.

Tôi muốn tham gia city tour.

또이 무온 탐 쟈 씨티 투어

✈ 관광 명소 구경하기

입장료는 얼마예요?

Vé vào cổng bao nhiêu tiền?

배 바오 꽁 바오 니에우 띠엔

몇 시에 폐관해요?

Mấy giờ sẽ đóng cửa?

머이 져 쌔 동 끄어

짐 맡기는 곳이 있나요?

Ở đây có nơi giữ hành lý không?

어 더이 꼬 너이 즈 하잉 리 콩

들어가려면 얼마나 기다려야 해요?

Để vào tôi phải chờ bao lâu?

데 바오 또이 파이 쩌 바오 러우

팸플릿 있나요?

Có quyển sách hướng dẫn nhỏ không?

꼬 꾸이엔 싸익 흐엉 전 뇨 콩

✈ 사진 찍기

사진 좀 찍어 주시겠어요?

Bạn có thể chụp ảnh giúp tôi được không?

반 꼬 테 쭙 아잉 쥽 또이 드억 콩

같이 사진 찍을 수 있어요?

Cùng chụp ảnh nhé?

꿍 쭙 아잉 녜

당신 사진을 찍어도 될까요?

Tôi chụp ảnh bạn được không?

또이 쭙 아잉 반 드억 콩

여기에서 사진을 찍어도 돼요?

Ở đây có thể chụp ảnh được không?

어 더이 꼬 테 쭙 아잉 드억 콩

사진 찍어 드릴까요?

Để tôi chụp ảnh nhé.

데 또이 쭙 아잉 녜

이 버튼을 누르시면 돼요.

Ấn nút này nhé.

언 눗 나이 녜

🔊 준비됐어요?

Chuẩn bị xong chưa?

쭈언 비 쏭 쯔어

🔊 '치즈' 하세요.

nói 'cheese' đi nào.

노이 치즈 디 나오

🔊 카메라를 보세요.

Nhìn máy chụp ảnh nhé.

늬인 마이 쭙 아잉 녜

한 장 더 부탁드려요.

Chụp thêm một ảnh nữa nhé.

쭙 템 못 아잉 느어 녜

✈️ 공연 관람하기

지금 어떤 것이 상연 중인가요?

Bây giờ chương trình nào đang diễn ra?

버이 져 쯔엉 찐 나오 당 지엔 자

다음 공연은 몇 시예요?

Buổi công diễn tiếp theo lúc mấy giờ?

부오이 꽁 지엔 띠엡 태오 룩 머이 져

공연 시간은 얼마나 돼요?

Buổi công diễn sẽ diễn ra trong bao lâu?

부오이 꽁 지엔 쌔 지엔 자 쫑 바오 러우

영어 자막이 있나요?

Có phụ đề tiếng Anh không?

꼬 푸 데 띠엥 아잉 콩

앞쪽 좌석으로 주세요.

Cho tôi chỗ ngồi phía trước nhé.

쪼 또이 쪼 응오이 피어 쯔억 네

 # ✈ 스포츠 관람하기

어느 팀과 어느 팀의 경기인가요?

Đội nào và đội nào khác sẽ chơi?

도이 나오 바 도이 나오 칵 쌔 쩌이

지금 표를 살 수 있나요?

Bây giờ tôi có thể mua vé được không?

버이 져 또이 꼬 테 무어 배 드억 콩

🔊 죄송합니다. 매진됐습니다.

Xin lỗi. Hết vé rồi.

씬 로이 헷 배 조이

예약했는데요.

Tôi đã đặt vé trước rồi.

또이 다 닷 배 쯔억 조이

파이팅!

Cố lên nhé!

꼬 렌 녜

호이안 구시가지 *Phố cổ Hội An*

호이안의 구시가지 옆에는 투본강(sông Thu Bồn)이 흐른다. 이곳 전체가 옛 건물을 잘 간직하고 있어 시대를 초월한 여행을 하는 느낌을 갖게 한다. 거리 자체가 큰 갤러리를 연상시키듯 목각인형, 그림, 수제 잡화들이 진열되어 있다.

발음 듣기용

회화 연습용

9
★enjoy★

쇼핑하기

가장 많이 쓰는 표현 Best 3

❶
입어 봐도 돼요?
Tôi mặc thử được không?

❷
이거 얼마예요?
Cái này giá bao nhiêu tiền?

❸
이걸로 주세요.
Cho tôi cái này nhé.

✈️ 물건 살펴보기

🔊 도와드릴까요?

Bạn có cần sự giúp đỡ không?

반 꼬껀스쭙더콩

그냥 둘러보는 중이에요.

Tôi chỉ đang ngắm nghía thôi.

또이 찌 당 응암 응이어 토이

기념품을 찾고 있는데요.

Tôi đang tìm đồ lưu niệm.

또이당 띰 도 류 니엠

저거 볼 수 있어요?

Tôi có thể xem cái kia được không?

또이 꼬 테 쌤 까이 끼어 드억 콩

이것 좀 보여 주세요.

Cho tôi xem cái này nhé.

쪼 또이 쌤 까이 나이 녜

다른 것도 보여 주세요.

Cho tôi xem cái khác nữa nhé.

쪼 또이 쌤 까이 칵 느어 녜

입어 봐도 돼요?

Tôi mặc thử được không?

또이 막 트 드억 콩

이거 세일해요?

Cái này có được giảm giá không?

까이 나이 꼬 드억 쟘 쟈 콩

색깔은 어떤 것이 있나요?

Có những màu gì?

꼬 늬응 마우 지

좀 더 싼 걸 보여 주세요.

Cho tôi xem cái có giá rẻ hơn nhé.

쪼 또이 쌤 까이 꼬 쟈 재 헌 녜

단어만 알아도 통한다!

빨간색	**Màu đỏ**	파란색	**Màu xanh dương**
	마우 도		마우 싸잉 즈엉

노란색	**Màu vàng**	초록색	**Màu xanh lá**
	마우 방		마우 싸잉 라

분홍색	**Màu hồng**	보라색	**Màu tím**
	마우 홍		마우 띰

갈색	**Màu nâu**	주황색	**Màu cam**
	마우 너우		마우 깜

베이지	**Màu be**	회색	**Màu xám**
	마우 배		마우 쌈

흰색	**Màu trắng**	검은색	**Màu đen**
	마우 짱		마우 댄

크다	**Lớn** 런	작다	**Nhỏ** 뇨
길다	**Dài** 자이	짧다	**Ngắn** 응안
꽉 끼다	**Rất chật** 젓 쩟	헐렁하다	**Rất rộng** 젓 종
(디자인이) 소박하다	**(thiết kế)** **đơn giản** (티엣 께) 던 쟌	(색, 무늬가) 요란하다	**(màu, họa tiết)** **lòe loẹt** (마우 호아 띠엣) 로애 로앳
(색이) 밝다	**(màu) sáng** (마우) 쌍	(색이) 어둡다	**(màu) tối** (마우) 또이
비싸다	**Đắt** 닷	싸다	**Rẻ** 재

✈ 물건 사기

이거 얼마예요?

Cái này giá bao nhiêu tiền?

까이 나이 쟈 바오 니에우 띠엔

너무 비싸네요.

Đắt quá.

닷 꽈

좀 할인해 줄 수 없나요?

Bạn có thể giảm giá cho được không?

반 꼬 테 쟘 쟈쪼 드억 콩

깎아 주시면 살게요.

Khi giảm giá thì sẽ mua.

키 쟘 쟈 티 쌔 무어

이거 세일 금액인가요?

Cái này có được giảm giá không?

까이 나이 꼬 드억 쟘 쟈 콩

이 할인 쿠폰을 사용할 수 있을까요?

Tôi có thể dùng phiếu giảm giá được không?

또이 꼬 테 중 피에우 쟘 쟈 드억 콩

이거 면세되나요?

Cái này có được miễn thuế không?

까이 나이 꼬 드억 미엔 투에 콩

쇼핑하기

이걸로 주세요.

Cho tôi cái này nhé.

쪼 또이 까이 나이 네

포장해 주세요.

Gói lại giúp tôi nhé.

고이 라이 쥽 또이 네

신용카드로 지불해도 되나요?

Tôi có thể trả bằng thẻ tín dụng được không?

또이 꼬 테 짜 방 태 띤 중 드억 콩

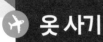 **옷 사기**

의류 매장이 어디에 있나요?

Cửa hàng quần áo ở đâu?

끄어 항 꾸언 아오 어 더우

치마를 사려고 하는데요.

Tôi muốn mua váy.

또이 무온 무어 바이

사이즈가 어떻게 되세요?

Cỡ của quí khách là gì ạ?

꺼 꾸어 꾸이 카익 라 지 아

M 사이즈로 주세요.

Cho tôi cỡ M.

쪼 또이 꺼앰

탈의실은 어디예요?

Phòng thay đồ ở đâu?

퐁 타이 도 어 더우

잘 맞네요.

Rất vừa.

젓 브어

좀 커요.

Hơi to.

허이 또

너무 커요.

Rất to.

젓 또

좀 꽉 껴요.

hơi chật.

허이 쩟

너무 헐렁해요.

Rất rộng.

젓 종

좀 더 작은 걸로 보여 주세요.

Cho tôi xem cái nhỏ hơn nhé.

쪼 또이 쌤 까이 뇨 헌 녜

다른 스타일은 없나요?

Có kiểu khác nữa không?

꼬 끼에우 칵 느어 콩

다른 색상은 없나요?

Có màu khác nữa không?

꼬 마우 칵 느어 콩

똑같은 걸로 검은색 있나요?

Bạn có cái giống như này nhưng màu đen không?

반 꼬 까이 죵 늬으 나이 늬응 마우 댄 콩

어느 게 더 나아 보여요?

Cái nào hợp với tôi hơn?

까이 나오 헙 버이 또이 헌

단어만 알아도 통한다!

	치마	**Váy** 바이
	원피스	**Áo đầm** 아오 덤
	바지	**Quần** 꾸언
	청바지	**Quần jean** 꾸언 진
	반팔	**Áo ngắn tay** 아오 응안 따이
	후드티셔츠	**Áo hoodie** 아오 후드
	재킷	**Áo khoác** 아오 코악
	스카프	**Khăn choàng** 칸 쪼앙

119

✈ 신발 사기

운동화를 찾고 있어요.

Tôi đang tìm giày thể thao.

또이 당 띰 쟈이 테 타오

🔊 발 사이즈가 어떻게 되세요?

Cỡ giày của quí khách là bao nhiêu?

꺼 쟈이 꾸어 꾸이 카익 라 바오 니에우

42입니다.

Cỡ giày là bốn mươi hai.

꺼 쟈이 라 본 므어이 하이

🔊 이걸 한번 신어 보세요.

Hãy đi thử một lần nhé.

하이 디 트 못 런 네

조금 조여요.

Hơi chật.

허이 쩟

운동화 **Giày thể thao.**
쟈이 테 타오

구두 **Giày da**
쟈이 자

하이힐 **Giày cao gót**
쟈이 까오 곳

샌들 **Giày xăng đan**
쟈이 쌍 단

슬리퍼 **Dép**
잽

부츠 **Giày bốt**
쟈이 봇

양말 **Tất**
떳

스타킹 **Tất dài**
떳 쟈이

✈ 화장품 사기

화장품 코너는 어디에 있나요?

Cửa hàng bán mỹ phẩm ở đâu?

끄어 항 반 미 펌 어 더우

립스틱을 찾고 있는데요.

Tôi đang tìm mua son môi.

또이 당 띰 무어 손 모이

샘플 발라 봐도 되나요?

Có thể dùng hàng mẫu thử được không?

꼬 테 중 항 머우 트 드억 콩

저한테는 어울리지 않네요.

Không hợp với tôi lắm.

콩 헙 버이 또이 람

저는 민감성 피부예요.

Da của tôi là da nhạy cảm.

자 꾸어 또이 라 자 냐이 깜

Tip	민감성피부	da nhạy cảm [자 냐이 깜]
	건성피부	da khô [자 코]
	지성피부	da dầu [자 저우]
	복합성피부	da hỗn hợp giữa da khô và da dầu
		[자 혼 헙 즈어 자 코 바 자 저우]

스킨 토너 **Nước hoa hồng**
느억 호아 홍

수분 크림 **Kem dưỡng ẩm**
깸 즈엉 엄

향수 **Nước hoa**
느억 호아

아이라이너 **Bút kẻ mắt nước.**
붓 깨 맛 느억

파운데이션 **Kem nền**
깸 넨

아이섀도 **Phấn mắt**
펀 맛

립스틱 **Son môi**
손 모이

매니큐어 **Sơn móng tay**
선 몽 따이

✈ 슈퍼마켓에서

과일은 어디에 있나요?

Tôi có thể mua hoa quả ở đâu?

또이 고 테 무어 호아 꽈 어 더우

쇼핑카트는 어디에 있어요?

Giỏ kéo mua hàng của siêu thị ở đâu?

죠 깨오 무어 항 꾸어 씨에우 티 어 더우

왼쪽에 있어요. / 오른쪽에 있어요.

ở bên trái. / ở bên phải.

어 벤 짜이 / 어 벤 파이

다 팔렸어요?

Đã hết bán chưa?

다 헷 반 쯔어

얼마예요?

Bao nhiêu tiền?

바오 니에우 띠엔

124

 # 교환과 환불

이거 반품하고 싶은데요.

Tôi muốn hoàn trả lại.

또이 무온 호안 짜 라이

환불할 수 있어요?

Có thể hoàn tiền lại được không?

꼬 테 호안 띠엔 라이 드억 콩

사이즈를 바꿔 주세요.

Hãy đổi cỡ khác cho tôi nhé.

하이 도이 꺼 칵 쪼 또이 녜

전혀 작동하지 않아요.

Cái này không thể hoạt động được.

까이 나이 콩 테 호앗 동 드억

영수증 있으세요?

Có hóa đơn không?

꼬 호아 던 콩

쇼핑하기

무이네 붉은 모래언덕 Đồi cát hồng Mũi Né

호치민시에서 버스나 기차로 갈 수 있는 판티엣은 사막을 볼 수 있는 곳으로 유명하다. 동남아에서 보기 힘든 붉은 모래 언덕이 있어 마치 사막에 온 듯한 느낌을 받을 수 있다.

발음 듣기용

회화 연습용

친구 만들기

가장 많이 쓰는 표현 Best 3

❶
만나서 반가워요.
Rất vui được gặp bạn.

❷
한국에서 왔어요.
Tôi đến từ Hàn Quốc.

❸
인스타그램 계정이 있으세요?
Bạn có dùng Instagram không?

✈ 말문 떼기

만나서 반가워요.

Rất vui được gặp bạn.

젓 부이 드억 갑 반

누군가를 기다리고 계세요?

Bạn đang chờ ai?

반 당 쩌 아이

여기 참 멋진 곳이네요.

Ở đây đẹp quá.

어 더이 댑 꽈

날씨가 좋네요.

Thời tiết tốt quá.

터이 띠엣 똣 꽈

어디에서 오셨어요?

Bạn từ đâu đến?

반 뜨 더우 덴

 자기소개하기

저는 최수지예요.

Tôi tên là Choi Su Ji.

또이 뗀 라 최수지

한국에서 왔어요.

Tôi đến từ Hàn Quốc.

또이 덴 뜨 한 꾸옥

다낭은 처음이에요.

Đây là lần đầu tiên tôi đến Đà Nẵng.

더이 라 런 더우 띠엔 또이 덴 다 낭

대학생이에요.

Tôi là sinh viên.

또이 라 씽 비엔

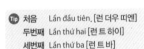

Tip 처음   Lần đầu tiên. [런 더우 띠엔]
두번째   Lần thứ hai [런 트 하이]
세번째   Lần thứ ba [런 트 바]

회사원이에요.

Tôi là nhân viên công ty.

또이 라 년 비엔 꽁 띠

친구만들기

✈ 칭찬하기

귀여워요.
Dễ thương quá.
제 트엉 꽈

잘생기셨어요.
Đẹp trai quá.
댑 짜이 꽈

젊어 보이세요.
Trông trẻ hơn tuổi nhiều.
쫑 째 헌 뚜오이 니에우

그거 정말 좋은데요.
Cái đó rất tốt.
까이 도 젓 똣

대단한데요.
Tuyệt vời.
뚜엣 버이

✈️ 연락처 주고받기

또 연락하고 싶어요.

Tôi muốn liên lạc với bạn lại.

또이 무온 리엔 락 버이 반 라이

이메일 주소 좀 가르쳐 주시겠어요?

Bạn cho tôi biết địa chỉ email của bạn được không?

반 쪼 또이 비엣 디아 찌 이메일 꾸어 반 드억 콩

이건 제 이메일 주소예요.

Đây là địa chỉ email của tôi.

더이 라 디아 찌 이메일 꾸어 또이

적어 주시겠어요?

Bạn viết cho tôi nhé.

반 비엣 쪼 또이 녜

인스타그램 계정 있으세요?

Bạn có dùng Instagram không?

반 꼬 중 인스타그램 콩

친구 만들기

달랏 **Đà Lạt**

달랏은 베트남 사람들에게는 신혼여행 지역으로 각광받는 곳이다. 특히 날씨가 좋아서
이곳으로 여행을 떠나는 사람도 많다. 달랏 시내를 들어갈 때 시원하게 뻗어 있는 쑤언흐
엉 호수(hồ Xuân Hương) 주위로 큰 광장, 대형 마트 그리고 달랏 시장이 있다. 커피 농장
이 많아서 투어 프로그램 중에 농장을 직접 방문할 수 있다.

발음 듣기용

회화 연습용

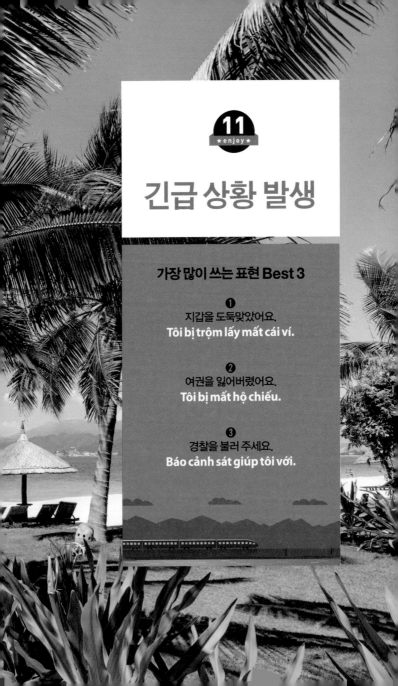

11
★enjoy★

긴급 상황 발생

가장 많이 쓰는 표현 Best 3

❶
지갑을 도둑맞았어요.
Tôi bị trộm lấy mất cái ví.

❷
여권을 잃어버렸어요.
Tôi bị mất hộ chiếu.

❸
경찰을 불러 주세요.
Báo cảnh sát giúp tôi với.

도움 청하기

사람 살려!

Cứu tôi với!

꾸 또이 버이

불이야!

Cháy rồi!

짜이 조이

조심하세요!

Hãy cẩn thận nhé!

하이 껀 턴 녜

도둑이야!

Cướp!

끄업

저놈 잡아라!

Bắt tên đó lại!

밧 뗀 도 라이

지갑을 도둑맞았어요.

Tôi bị trộm lấy mất cái ví.

또이 비 쫌 러이 멋 까이 비

문제가 생겼어요.

Có vấn đề xảy ra.

꼬 번 데 싸이 자

한국어 할 줄 아는 사람 있나요?

Có ai biết nói tiếng Hàn không?

꼬 아이 비엣 노이 띠엥 한 콩

경찰서가 어디죠?

Đồn cảnh sát ở đâu?

돈 까잉 쌋 어 더우

이 주소로 데려다주세요.

đưa tôi đến địa chỉ này nhé.

드어 또이 덴 디아 찌 나이 녜

경찰서	**Đồn cảnh sát** 돈 까잉 쌋
경찰	**Cảnh sát / Công an** 까잉 쌋　　 꽁 안
병원	**Bệnh viện** 베잉 비엔
구급차	**Xe cấp cứu** 쌔 껍 끄
의사	**Bác sĩ** 박 씨
약국	**Nhà thuốc / Tiệm thuốc** 냐 투옥　　 띠엠 투옥
소방서	**Trạm cứu hỏa** 짬 끄 호아
대사관	**Đại sứ quán** 다이 스 꾸안

✈ 도난당하거나 분실했을 때

핸드폰을 잃어버렸어요.

Tôi bị mất điện thoại.

또이 비 멋 디엔 토아이

여권을 잃어버렸어요.

Tôi bị mất hộ chiếu.

또이 비 멋 호 찌에우

지갑을 도둑맞았어요.

Tôi bị cướp mất ví.

또이 비 끄업 멋 비

가방을 찾을 수가 없어요.

Tôi không thể tìm thấy túi của tôi.

또이 콩 테 띰 터이 뚜이 꾸어 또이

가방을 기차에 두고 내렸어요.

Tôi đã quên túi ở trên tàu mà xuống tàu hỏa.

또이 다 꾸엔 투이 어 쩬 따우 마 쑤옹 따우 호아

긴급상황

137

여기에서 지갑 못 보셨어요?

Bạn có nhìn thấy ví tiền ở đây không?

반 꼬 늬인 터이 비 띠엔 어 더이 콩

어디에서 잃어버렸습니까?

Bạn đã làm mất ở đâu?

반 다 람 멋 어 더우

어디에서 잃어버렸는지 모르겠어요.

Tôi không biết đã làm mất ở đâu.

또이 콩 비엣 다 람 멋 어 더우

분실 신고서를 써 주세요.

Hãy điền vào đơn báo thất lạc.

하이 디엔 바오 던 바오 텃 락

찾으면 여기로 연락 주세요.

Xin hãy liên lạc địa chỉ này khi tìm thấy.

씬 하이 리엔 락 디아 찌 나이 키 띰 터이

✈ 교통사고가 났을 때

경찰을 불러 주세요.

Báo cảnh sát giúp tôi với.

바오 까잉 쌋 쥽 또이 버이

구급차를 불러 주세요.

Gọi giúp tôi xe cấp cứu với.

고이 쥽 또이 쌔 껍 뀨 버이

의사를 빨리 데려와 주세요.

Hãy đưa bác sĩ đến đây nhanh.

하이 드어 박 시 덴 더이 냐잉

교통사고가 났어요.

Có tai nạn giao thông.

꼬 따이 난 쟈오 통

차에 치였어요.

Bị xe tông rồi.

비 쌔 똥 조이

긴급상황

✈ 아플 때

여기가 아파요.

Tôi bị đau ở đây.

또이 비 다우 어 더이

너무 아파서 움직일 수가 없어요.

Tôi đau quá đến mức không thể cử động được.

또이 다우 꽈 덴 믁 콩 테 끄 동 드억

피가 나요.

Chảy máu rồi.

짜이 마우 조이

열이 좀 있어요.

Bị sốt.

비 쏫

설사를 해요.

Bị tiêu chảy.

비 띠에우 짜이

아픈	**Đau** 다우	
현기증	**Chóng mặt** 쫑 맛	
오한	**Chứng cảm lạnh.** 쯩 깜 라잉	
가려움	**Ngứa** 응어	
부어오름	**Sưng lên.** 승 렌	
출혈	**Chảy máu** 짜이 마우	
감염	**lây nhiễm** 러이 늬엠	
염좌, 삠	**Bong gân** 봉 건	

스피드 인덱스

1. 초간단 기본표현

4. 호텔에서

5. 이동 중에

6. 교통 이용하기

7. 식당·술집에서

8. 관광 즐기기

10. 친구 만들기

11. 긴급 상황 발생

인조이 시리즈가 당신의 여행과 함께합니다

ENJOY your TRAVEL

넥서스BOOK